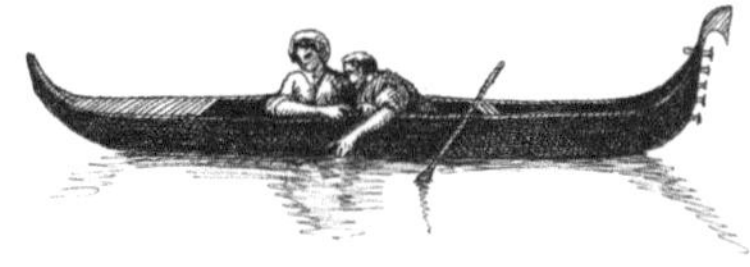

Liannys Lisset Peña Rodríguez

Modus Vivendi
Reflexiones en torno a la obra de
Lázaro García Medina

Ediciones Exodus {EGARA FINE ARTS}

Modus Vivendi. Reflexiones en torno a la obra de Lázaro García Medina

*En nuestro tiempo la única obra realmente dotada
de sentido crítico, debería ser un collage de citas,
fragmentos, ecos de otras obras.*

Walter Benjamín

Como una cosa mentale Lázaro García construye sus escenas pictóricas; cada superficie planimétrica es un mosaico de citas, alusiones, referencias a la Historia del arte, que se comporta como memoria visual de la que el artista puede extraer con libertad todos y cada uno de los fragmentos que corporizan sus figuraciones. Esta herencia plástica es recontextualizada agregándosele nuevas cargas semánticas, que hacen de la obra un constructo dinámico. La alusión constante a la tradición imaginal la convierte en un metarrelato pictórico que cuestiona las potencialidades de sí mismo en estos tiempos, donde la creación plástica se debate hacia los extremos desde una naturaleza figurativa expresionista hasta el más feroz laminismo.

No se puede dudar que Lázaro García es hijo de su tiempo, sus creaciones reivindican los postulados de la pintura posmoderna, que hacen de la obra pictórica un producto hedonista, donde se propone la recuperación de la imagen pictórica figurativa, desde el proceso de construcción artesanal; en el que la figuración apela a lo fragmentario, la narración; donde la figura humana y el objeto comparten el mismo nivel de protagonismo espacial; las obras pictóricas son concebidas desde la libertad, la inclusión, que permite la articulación tanto de múltiples estrategias constructivas como de lecturas e interpretaciones alrededor de ellas.

Como todo pintor posmoderno representa su verdad, crea sus propias historias, buscando cuestionar desde ellas a las expresiones fluctuantes, las rupturas estético-formales del discurso plástico contemporáneo, pero, además, como una manera muy personal de dialogar con su tiempo, circunstancia, contexto. Con respecto a este último no podemos detallar en sus representaciones alusiones directas, que nos permitan circunscribir su obra a localismos temáticos. Si pudiéramos enmarcarla en un contexto sería la pintura y sus circunstancias globales actuales.

Al observador puede parecerle que sus escenas no trascienden más allá de la figuración, pero la naturaleza de sus obras escapa hasta de sí mismo, para peregrinar hacia el espectador como una fuga... Las representaciones transitan por aquello que denominamos único, personal, que sobreviene como una pose teatral, donde cada recurso, tanto intelectivo como visual le ha permitido crear un lenguaje propio, que lo enmarca dentro de la historia del arte cubano.

Sus estructuras compositivas juegan con los principios ópticos, buscando orientar las miradas. En este entramado visual apela a la naturaleza polivalente del símbolo para así crear una estructura dual que transita entre lo discursivo e imaginal. En cuanto a construcción podemos ver que no están sujetas a una estructura inamovible, cada una varía en consecuencia de las intenciones.

En la serie *Los cantares de Robinson Crusoe* vemos que alude a la migración: como tema predominante; se advierte la presencia de un personaje único, situado en uno de los extremos de la obra, sobre una embarcación marítima; en ella prevalece un lenguaje sustentado en la cita, la sugerencia, que hace al exégeta ubicarse de manera expontánea en el tema a tratar. En este caso se aparta del canon de representación caribeño insular para cuestionar a lo migratorio como un fenómeno global. No podemos decir que la imagen este construida por planos, es un plano único en la que el personaje se encuentra generalmente en posición pasiva, observando al espectador, ya sea de pie, sentado, o en pose acrobática.

Entre la imagen y el texto (título) se construye una especial conexión que permite el establecimiento de referencias directas por parte del espectador: los personajes ataviados con ropajes de la época victoriana, la alusión a Crusoe, definición moderna del concepto de eterno naufragio, inadaptación y anhelo de retorno. Cada imagen nos devuelve esa soledad hopperiana, ya convertida en canon; donde los elementos que conforman las escenas conspiran con este propósito: la amplia profundidad del fondo creado a partir de presupuestos abstractos, que sugiere lo agorafóbico, esa línea infinita que no define claramente el espacio físico geográfico por el que transita el individuo.

La ubicación de las figuras en un fondo neutro generalmente en uno de sus extremos, incide en el peso visual del elemento figurativo, en detrimento de las demás zonas de la imagen, elaboradas a partir de presupuestos abstractos. La libertad cromática, potenciada a partir del trabajo con la mancha y la generación de amplias zonas de color hace que la figura se encierre más en sí misma, conformando un plano que intenta captar toda la atención; cada microespacio genera una amplia tensión en cuanto a gestos, poses. Los personajes o elementos presentes en las composiciones se ubican de manera intencional por el creador buscando potenciar una carga de información significativa[1].

---

1 Arheim, Rudolph: *Arte y percepción visual* (Alianza Forma, 2002).

(...) *el lenguaje que articulo en mi pintura es una criatura con vida propia, en la cual todo está diluido, recreado, surgiendo cada vez planteamientos nuevos*[2]. Avocados a la potenciación de un proceso de inducción perceptual[3], que lleva al público a la creación de esquemas expontáneos, que operan como completamientos conscientes, a partir de un bagaje conceptual previo.

Resulta de amplia ambigüedad esta escena en la que el Cristo yace en un segundo o tercer plano, pero redimensionado como para no perder la relevancia conferida, contrastando con un grupo de soldados en pose marcial; insinúo que pueda tratarse de la confrontación, de manera sui generis de dos de los estamentos del poder más cuestionados en estos tiempos: la ideología y la religión. Al ubicarlo en un plano secundario el Cristo yaciente, imagen sustraída del espectro barroco, magistralmente traducida por el artista; exige esa redimensión para establecer un alto contraste de significado con respecto a la soldadezca situada en un primer plano, dado que no es un elemento ubicado al azar, si no con el objeto de establecer una marcada correlación. Estos son organizados de acuerdo a una determinada lógica pictórica, estructurada a partir de planos; los personajes u objetos son manipulados en dependencia de las intenciones del artista y las incidencias del tema, donde se advierte un marcado interés en el establecimiento de la «tentación simbólica», sus figuraciones se construyen a partir del constante replanteo de estilos, tendencias ampliamente utilizadas en la práctica pictórica, enunciados estéticos cercano al Renacimiento, Manierismo, Barroco, Clasicismo.

Para el espectador estas escenas no traducen un sentido de realidad tangible, ni aluden a un momento histórico concre-

---

2   Dato tomado de video Instagram.

3   Ibídem.

to; los elementos son manipulados en pos de una estrategia intelectivo-visual. Para ello el artista se vale de trampantojos, alusiones; estableciendo un aislamiento con la representación de lo real; al igual que sus estructuras abiertas, ostentan el don de la intemporalidad, la desconexión de un espacio físico-geográfico concreto; son más bien representaciones serias, con pocas dosis de sarcasmo, principio que no le permite perder esa expresión crítica, pero sin un alcance exacerbado hacia lo social, como muchos de su generación, que se valieron del recurso del pastiche, la apropiación, la resignificación de imágenes connotadas dentro de la tradición plástica, para establecer un juego paródico, o con visos de humor, cuyo fin redundaba en una feroz crítica social.

La amplia recurrencia en las obras de Lázaro hacia el argot imaginal cito en la historia del arte, es desde un punto de vista estético, él pinta y reflexiona sobre la pintura; los ardides posmodernos le han permitido valorar los distintos procesos a los que se ha visto sometido el ejercicio pictórico en sus innumerables expresiones y alianzas con el pasado y el presente.

Desde una perspectiva creadora muy personal este artista ha potenciado un lenguaje plástico en el que recontextualiza los elementos desde un punto de vista simbólico, destaca un vasto dominio de la pintura, en sus vertientes técnico-tecnológicas; constatado en la versatilidad de cada una de sus representaciones. Esta readaptación de estos materiales pre-existentes a su cosmovisión le hacen generar atmósferas de una fuerte presencia iconográfica, donde el elemento pierde su valor original para adoptar el conferido por el artista. En este caso presumo que no está demás, que cierta información tradicional subyazca en el objeto, con el fin de potenciar cierta ambivalencia entre su estado primigenio y los nuevos modos de representación.

Un proceso de producción de significados es generado en cada propuesta en la que el artista potencia en el espectador un ente

activo, propenso al constante diálogo con la superficie planimétrica. En este proceso infiere que la presencia de la estatua
clásica en el centro de la escena[4], rompe la pasividad de la com-
posición, presentándose como un ente propiciador de tensiones
entre ambos polos de creación: interior y exterior; ejerciendo
una preponderancia visual que se convierte en una especie de
muro, tan infranqueable para si, como para el personaje situado
en el extremo inferior derecho, detrás de la mole una isla trata
de abrirse paso. Dicha estatua se encuentra en la parte central de
la escena creando un foco de poder inducido. Cada uno de los
componentes de la obra es ubicado con la finalidad de generar
un proceso en el que la visión transita de forma escalonada por
cada uno de los planos; dando paso a un estado abierto con
la posibilidad de múltiples lecturas, o acaso el Crusoe pueda
trastocarse en Odiseo arribando a su Ítaca, o parte de un lugar
de encierro hacia la infinitud del mar...

En esta y otras representaciones subyace lo que Alicia Serrano
denominaría como dos momentos de la apropiación: en el que el
artista extrae el elemento de su contexto inicial y le confiere
el *status* de entidad autónoma y cuando se decide incluirlo en un
nuevo espacio, distante del original, estableciendo un proceso de
resignificación. La imagen funciona como un texto portador
de sentido que permite al observador abandonar su receptáculo.

Las intenciones no solo se proyectan en recontextualizar o
resemantizar, sino potenciar un nuevo diálogo en las formas
generales del conjunto, reescribiendo la información de cada
uno y reestructurándola de manera que los íconos no funcionen
solo de manera autónoma, sino que exista una compactación
escénica; donde autor y receptor se convierten en actores de
su particular relato, reforzando el carácter polisémico, plural
de la imagen y el sistema de percepción

---

4 Obra perteneciente a la serie *Los cantares de Robinson Crusoe.*

La posmodernidad ostenta la particularidad de haber difuminado los límites interdisciplinares entre lo culto y lo popular, lo eterno y lo emergente, ha instaurado lo indefinido más que como un pseudo canon gnoseológico, como una zona de confort del pensamiento y la proyección intelectual; características asumidas por teóricos y pensadores como un detrimento de los valores culturales de este período. Pero contrariamente esta conexión multicultural ha fundamentado que el discurso y la práctica artística revistan un carácter más libre, sin estar constreñidos a la imposición del canon.

Lázaro García asume en su producción artística el Posmodernismo como concepto cultural, y presupone su viabilidad a la hora de configurar sus propios códigos, sustentados en la relectura y la intertextualidad, como bases para su discurso, que se mantiene inmutable por ya varias décadas.

La selección de imágenes preexistentes deviene en una profunda necesidad de introspección de este artista con respecto a distintos tópicos, aclaro esto, dado que la utilización de estos métodos creativos, ya con una trayectoria representacional, puede suscitar criterios errados, al pensar que las obras carecen de personalidad o que su intencionalidad no va más allá de lo visual. En cada conjunto imaginal García se apropia de manera heurística de los componentes dando paso a un proceso activo e ilimitado de reinterpretación creativa.

La obra de Lázaro se debate entre los conceptos figurativos actuales y los remanentes propios de la estética noventiana cubana, traducidos en creaciones de abundantes elipsis y mediaciones simbólicas, de valor autónomo; que propician la apertura de la comunicación artística; al privilegio de «lo retiniano». Imágenes de amplia carga semántica en las que se implica una manufactura cuidadosa.

Ellas ostentan composiciones diversas y con amplios grados de complejidad, donde las figuras son delineadas con una acusada atención al realismo, pero ubicadas de una manera imprevisible; donde lo ambiguo permite la articulación de sistemas estables de contenidos explícitos e implícitos; que son colocados por el pintor y el exégeta, como una fórmula de equilibrio entre los nieveles de distribución de los contenidos formales-conceptuales.

García se abre al tema de la representación visual buscando crear todo un modelo de seducción y rescate de la técnica y la tecnología de la pintura en su estado puro-visibilista que no ignora o evade cierto sistema de pensamiento, que hace de la representación un producto válido y complejo. Este artista asume la pintura como su «modus vivendi»; una manera involuntaria de perderse en sus entramados, buscar en cada una de sus formas plásticas, aquel fragmento material y subjetivo que lo lleve a la génesis, al lienzo virgen, al elemento aquel en el que ha decir de Arheim, movilize el espacio, perturbe el reposo, como una piedra lanzada a la pasividad de un estanque.

Liannys Lisset Peña Rodríguez
Revista Eka Nº 6, febrero de 2019

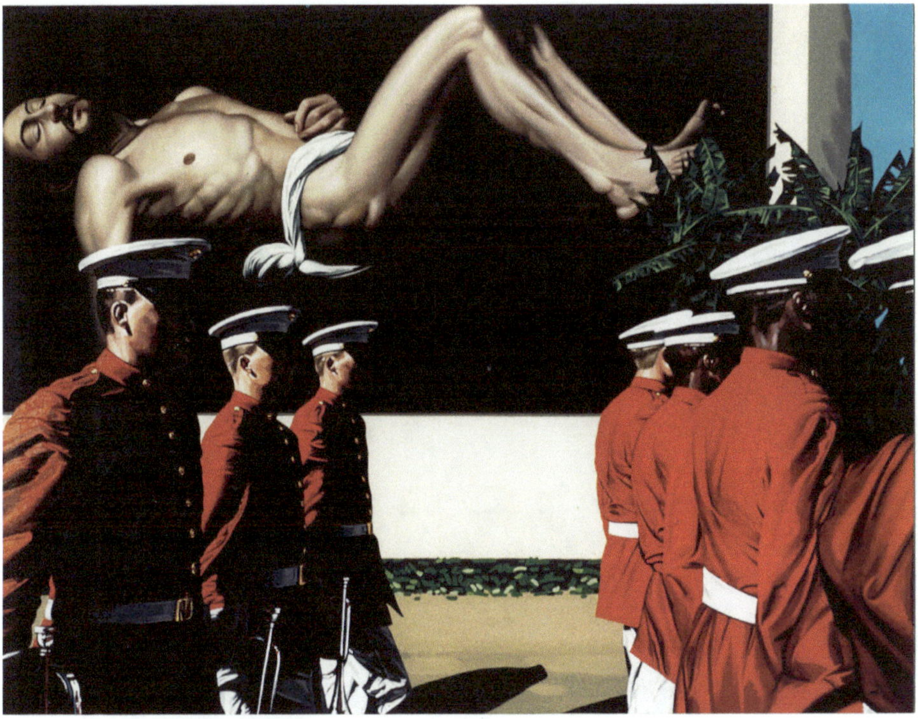

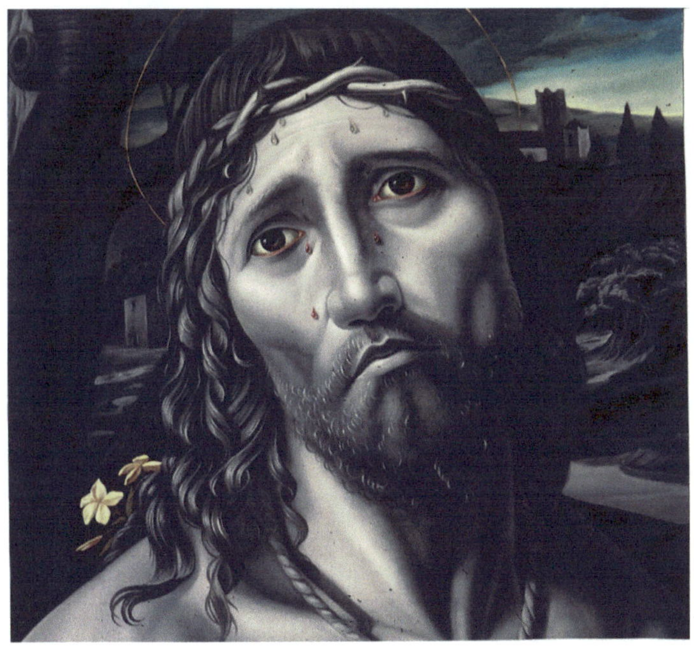

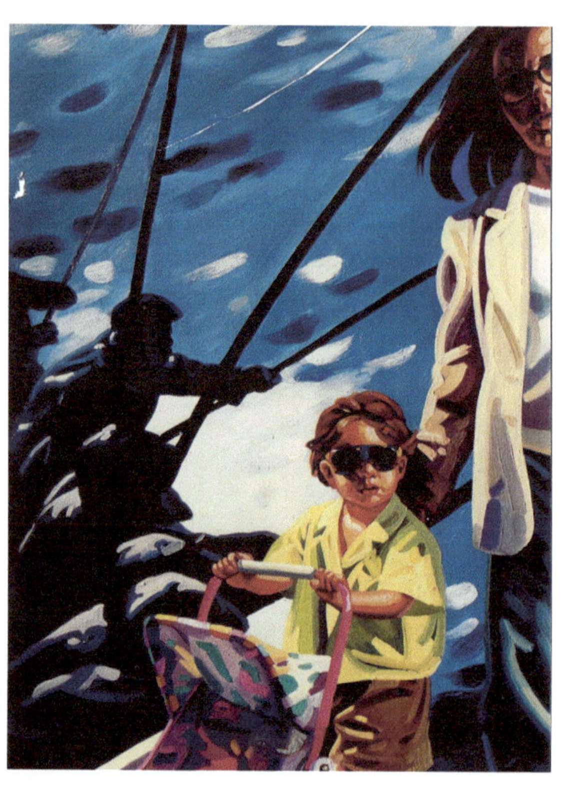

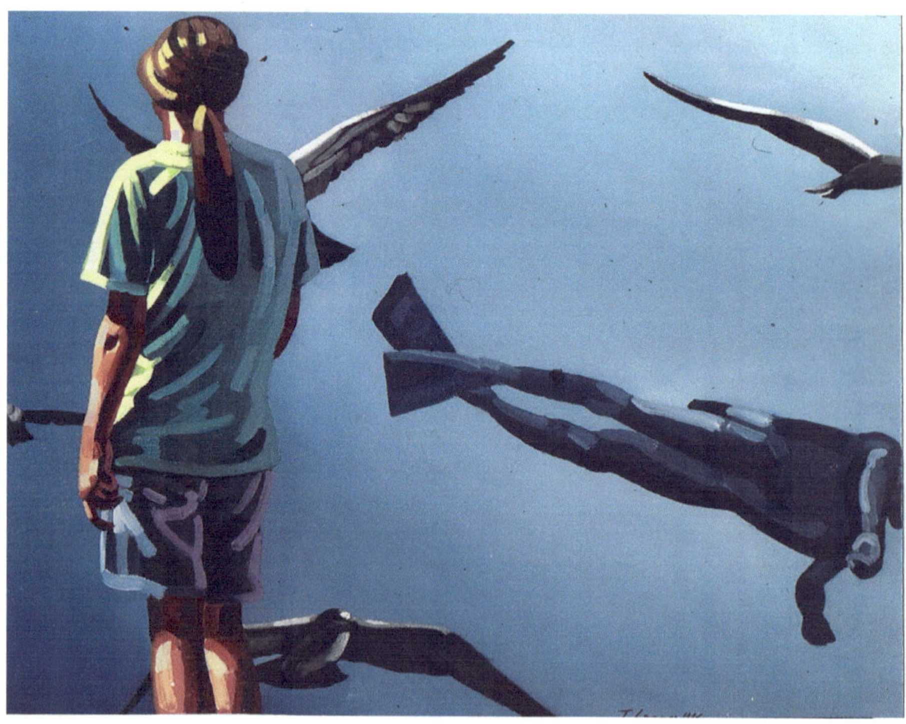

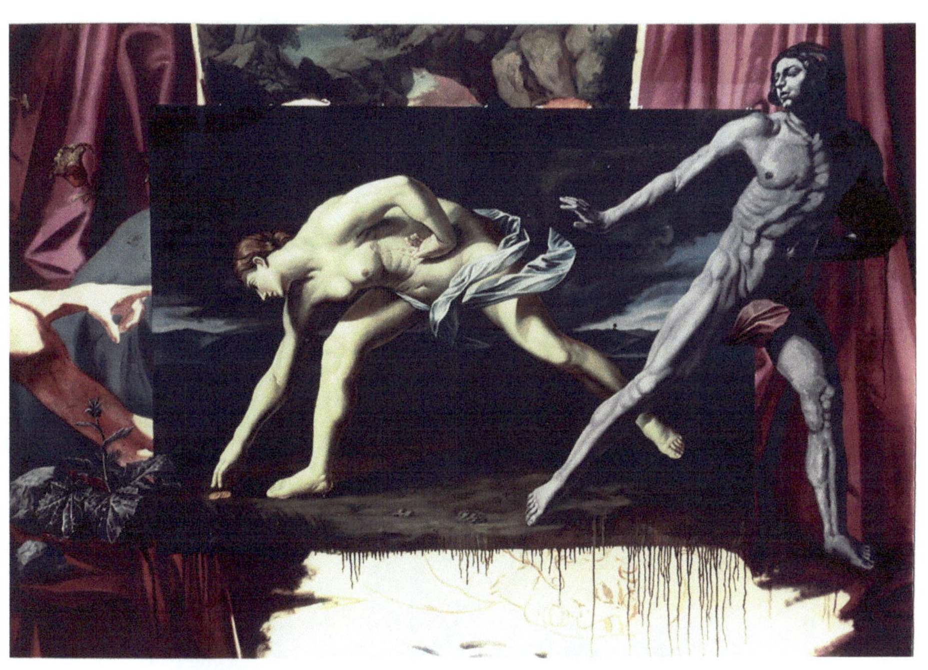

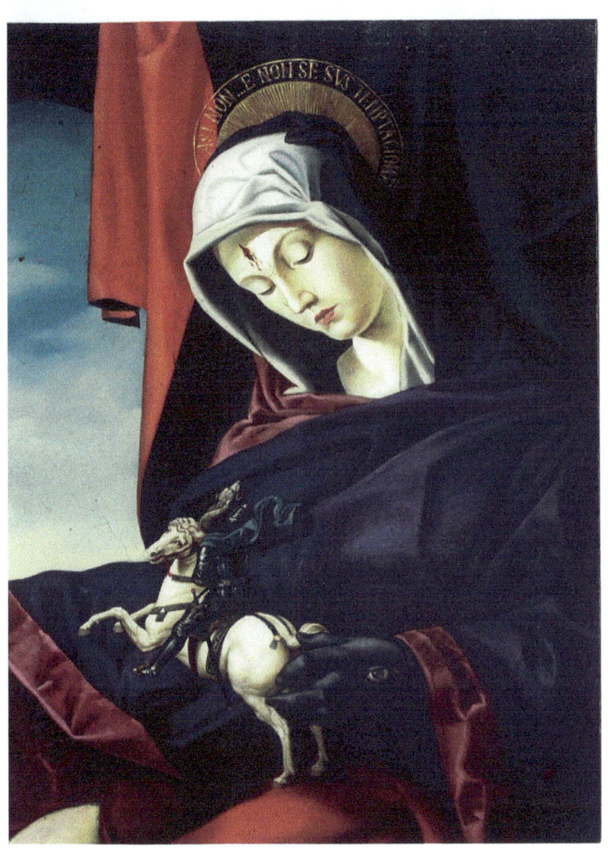
NON ..E NON SE SVS TEMPTATIONE

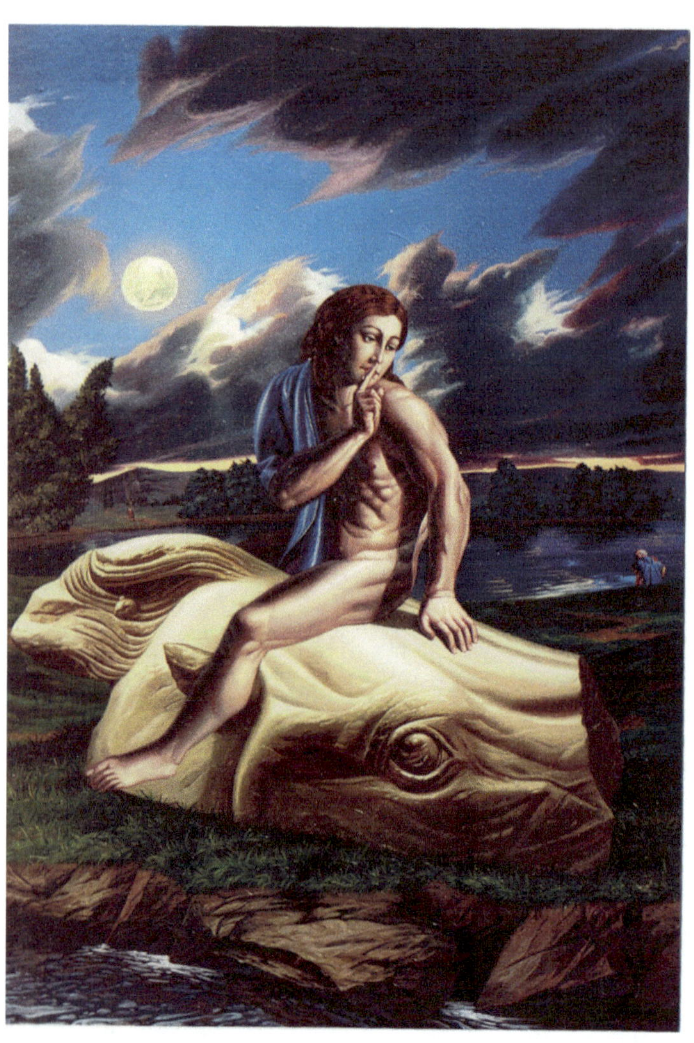

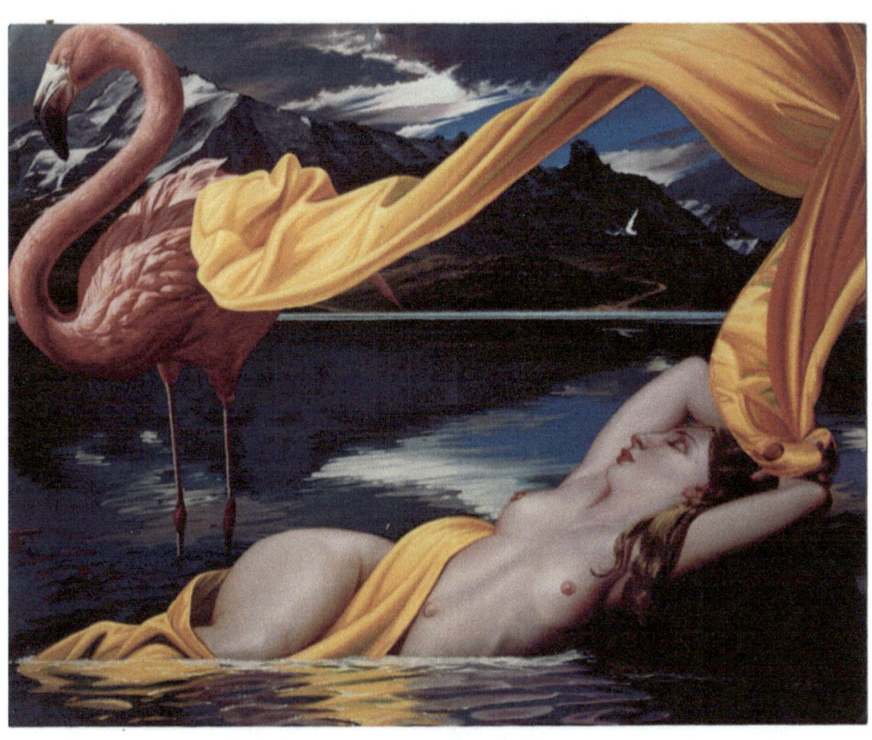

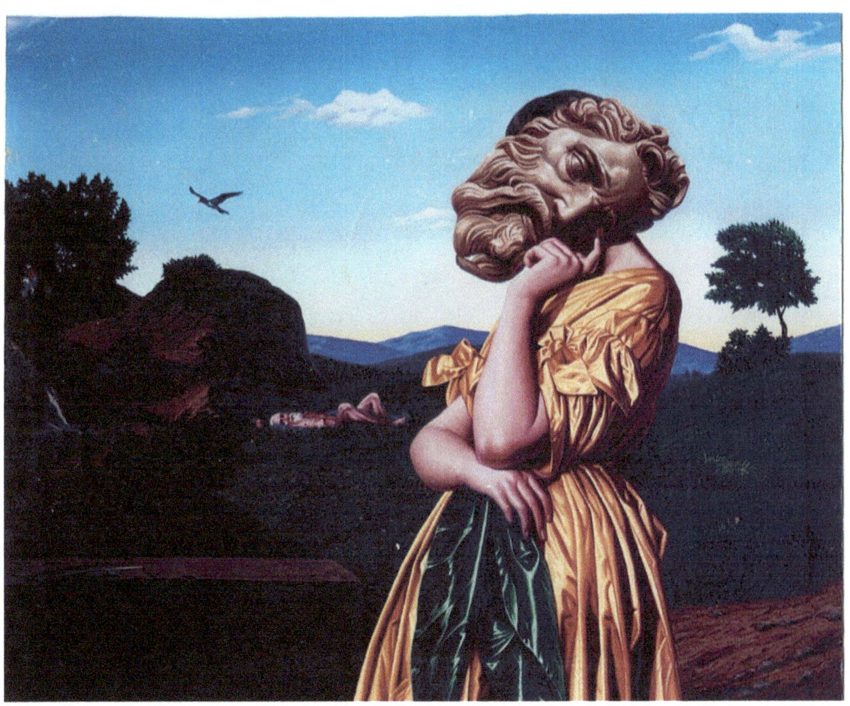

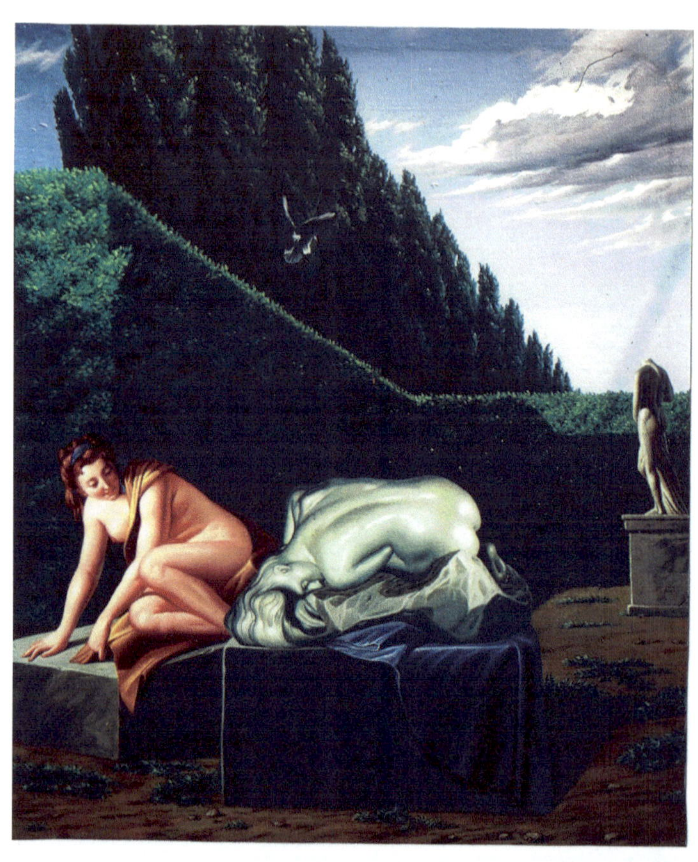

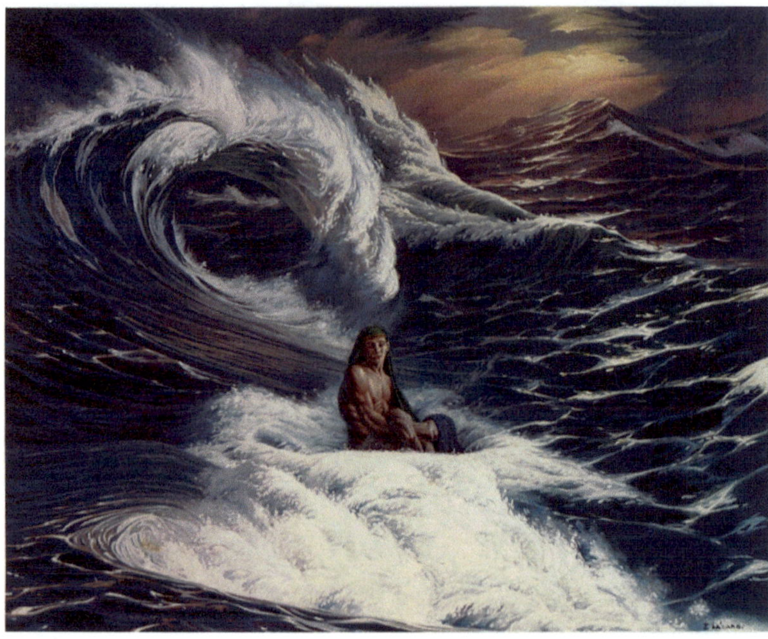

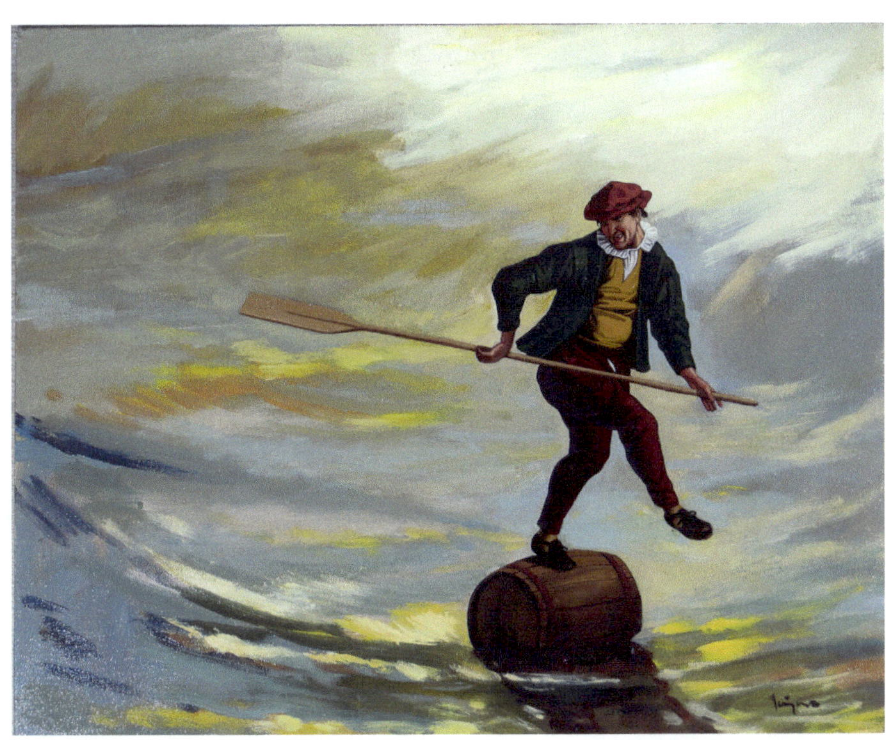

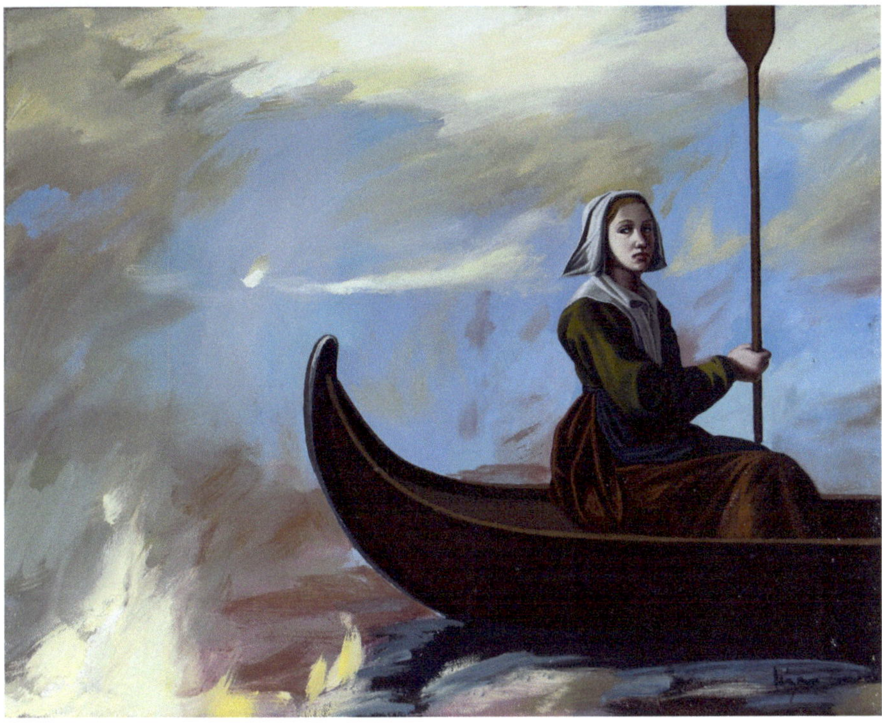

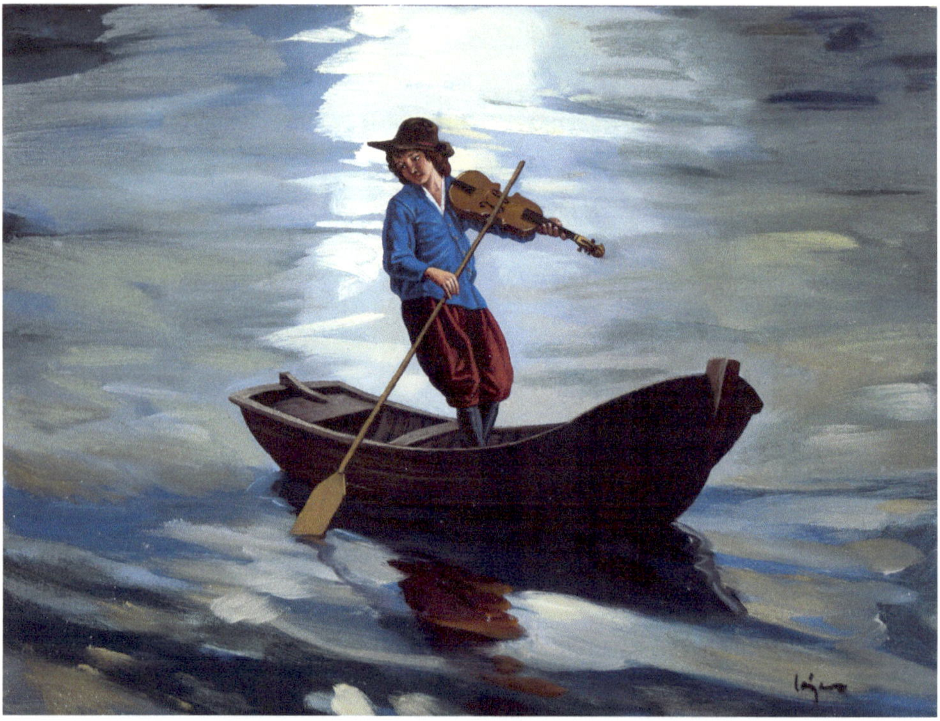

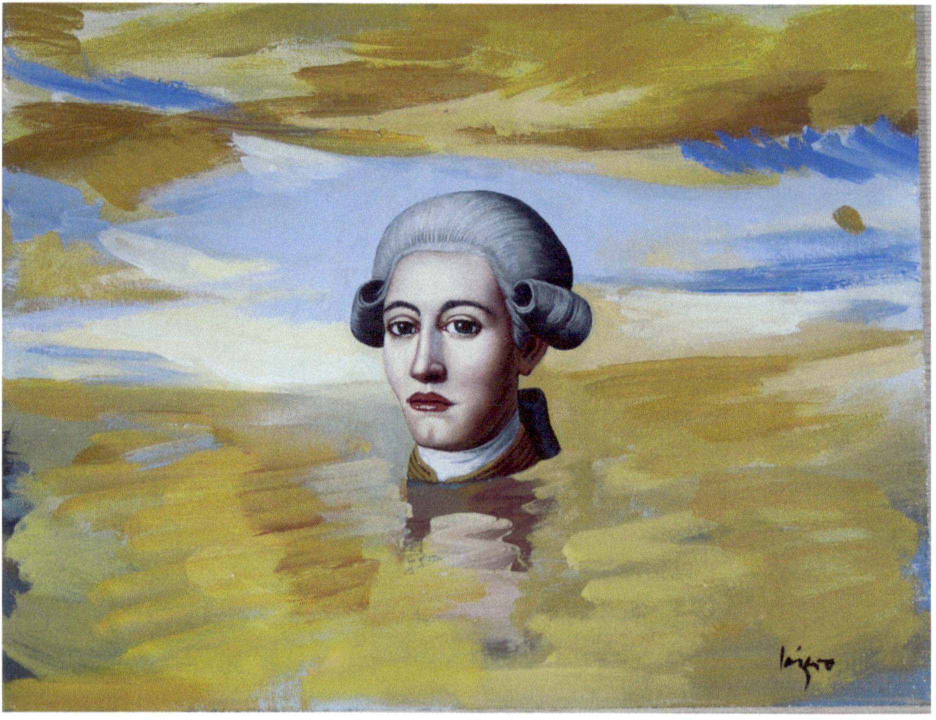

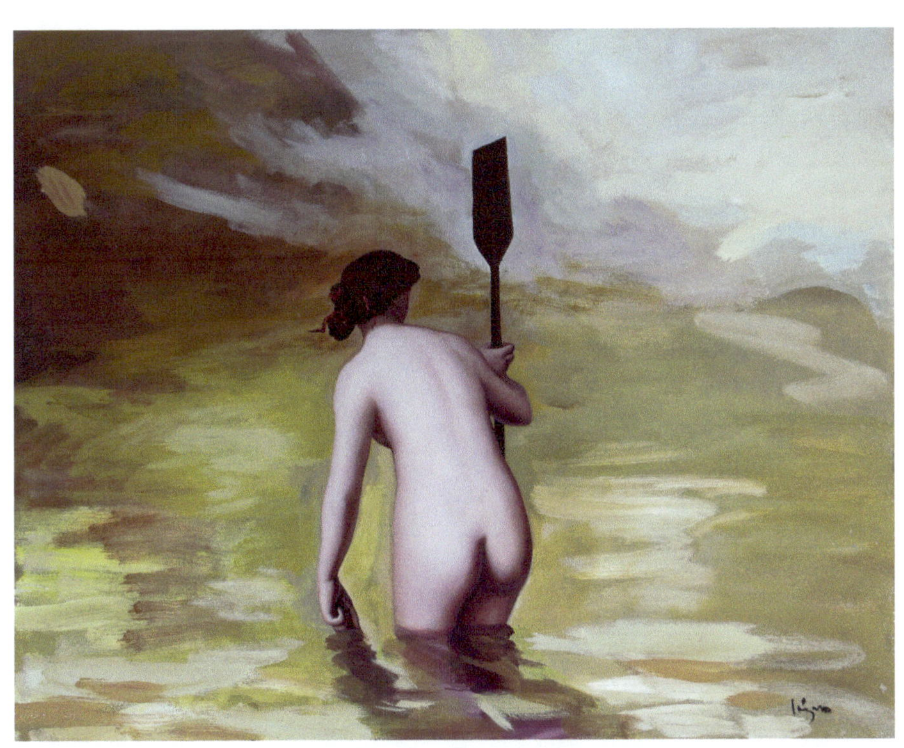

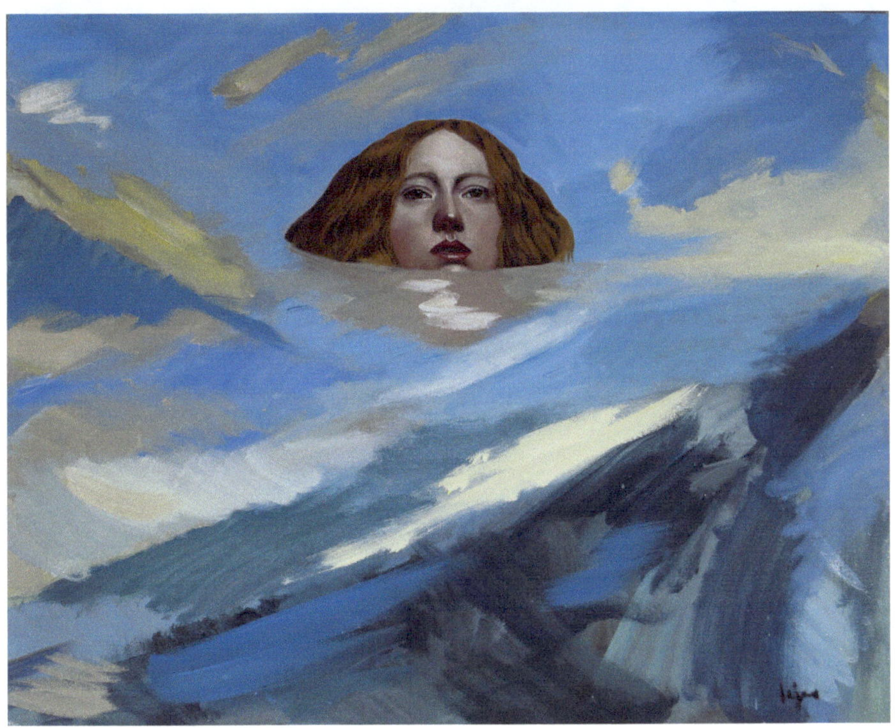

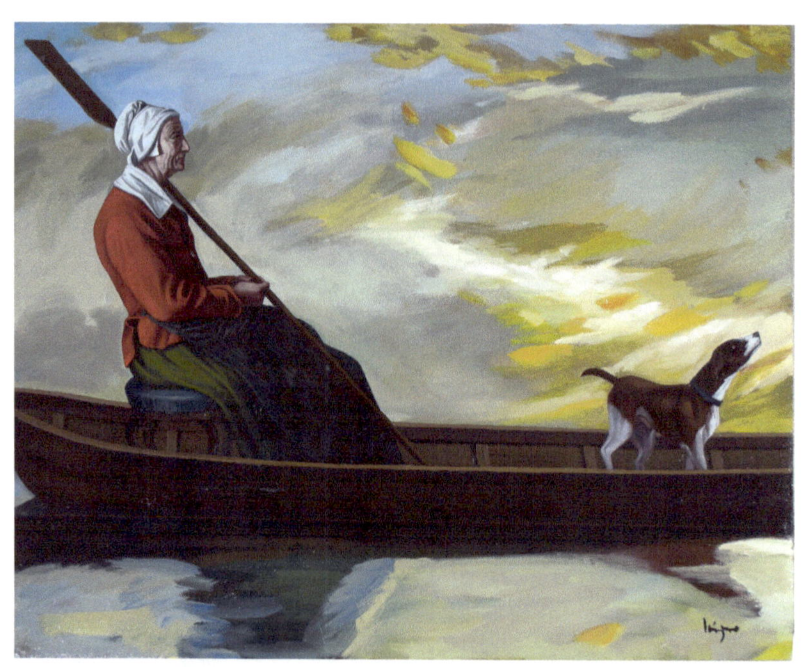

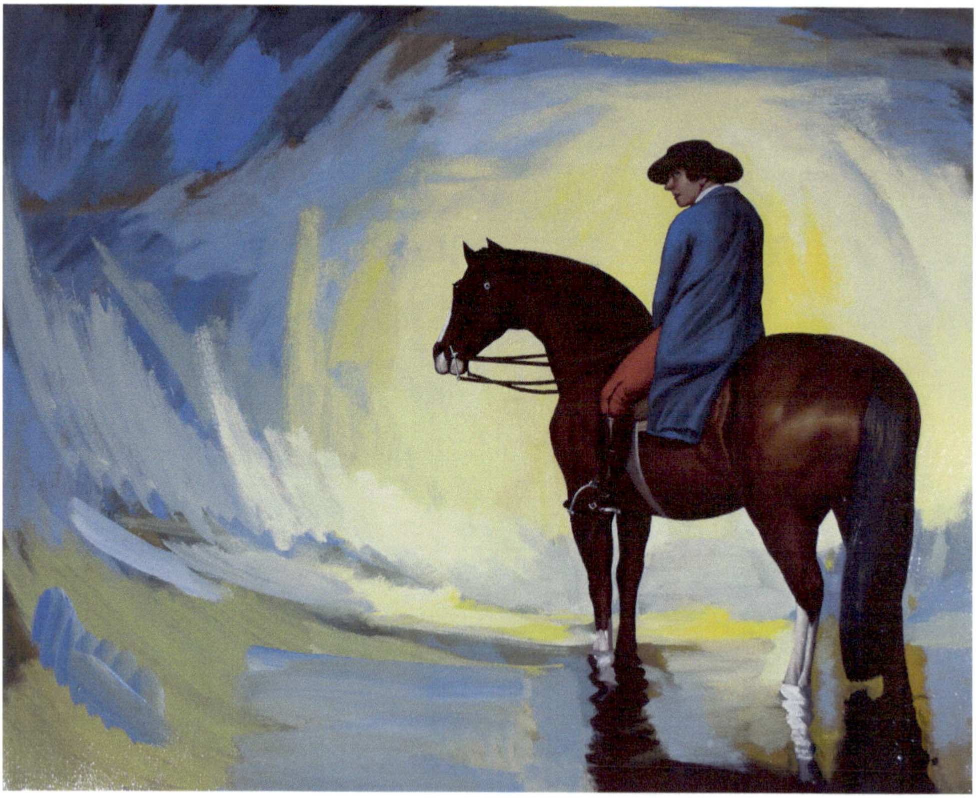

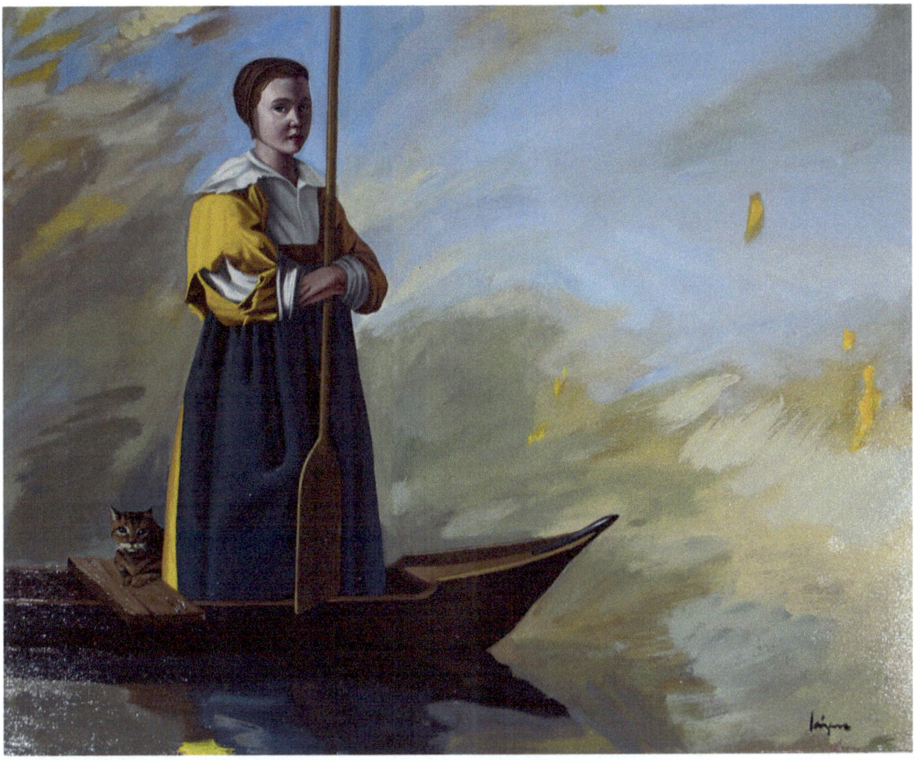

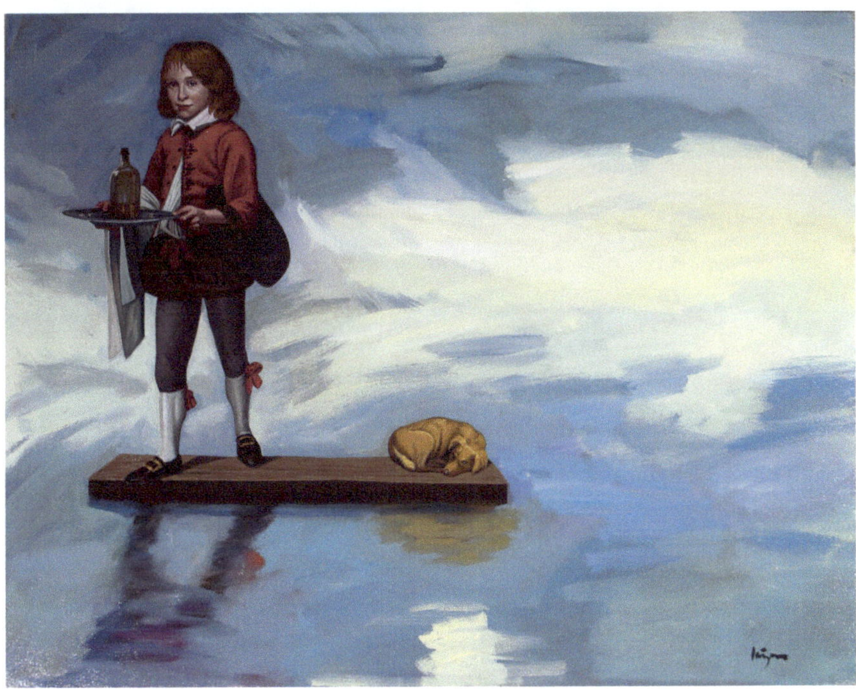

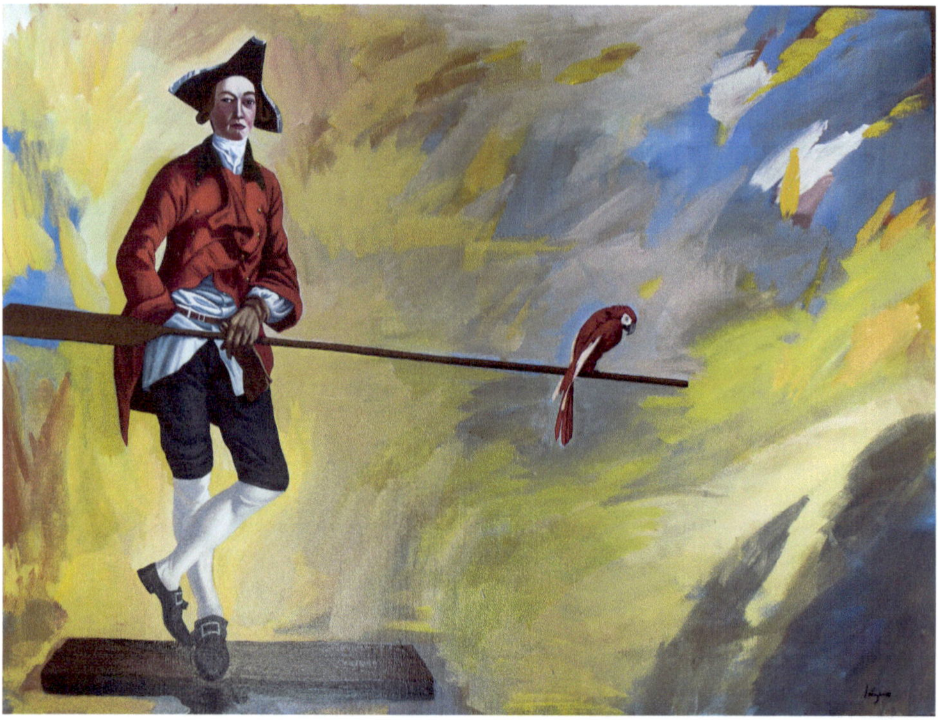

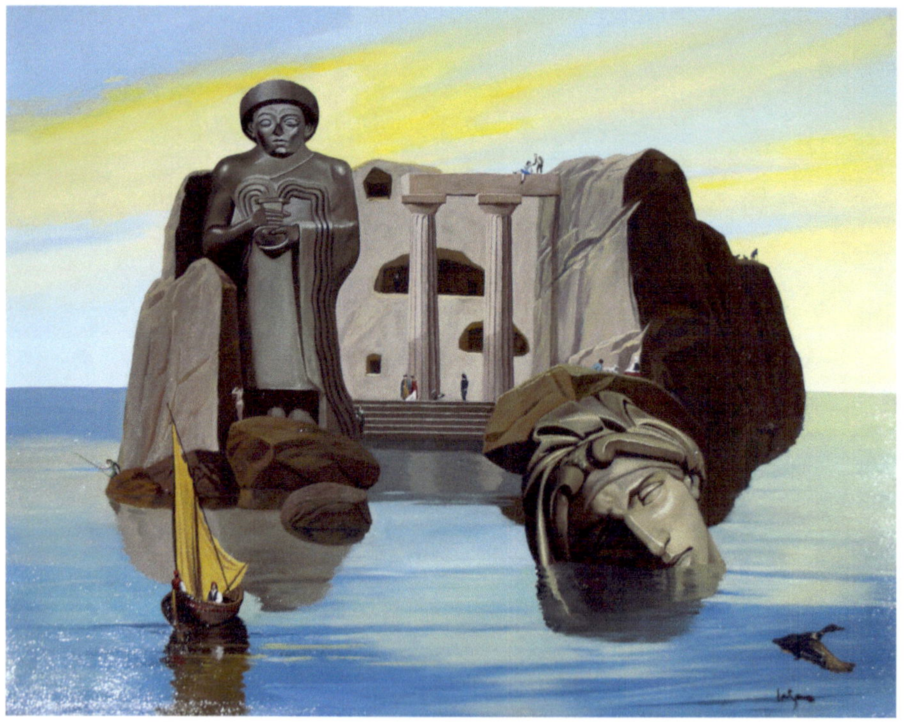

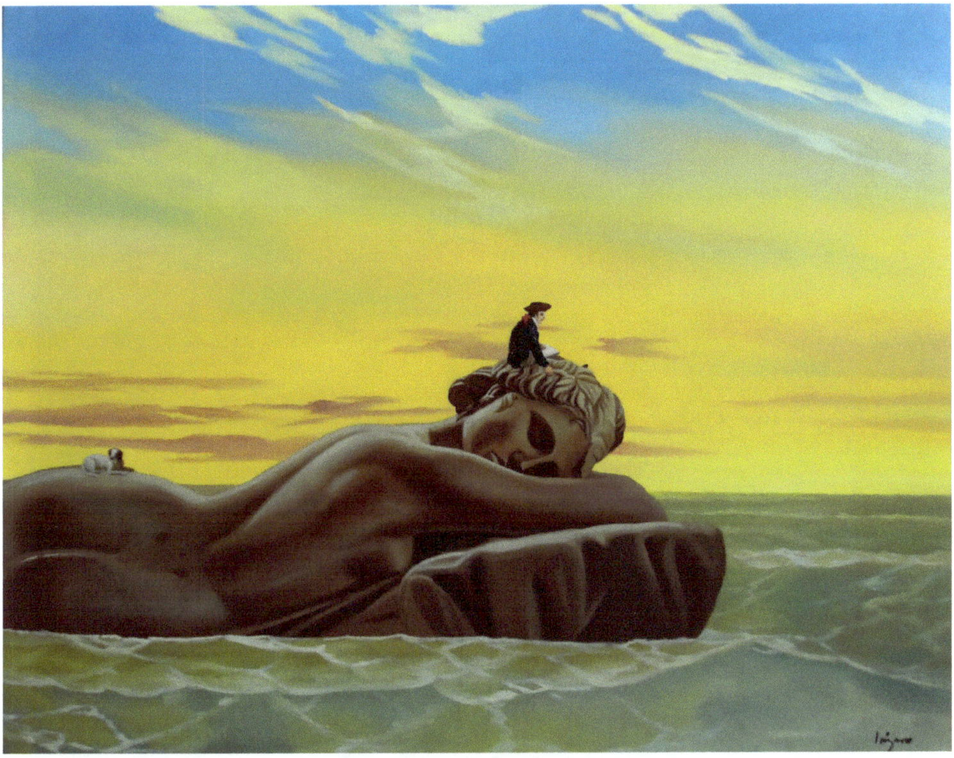

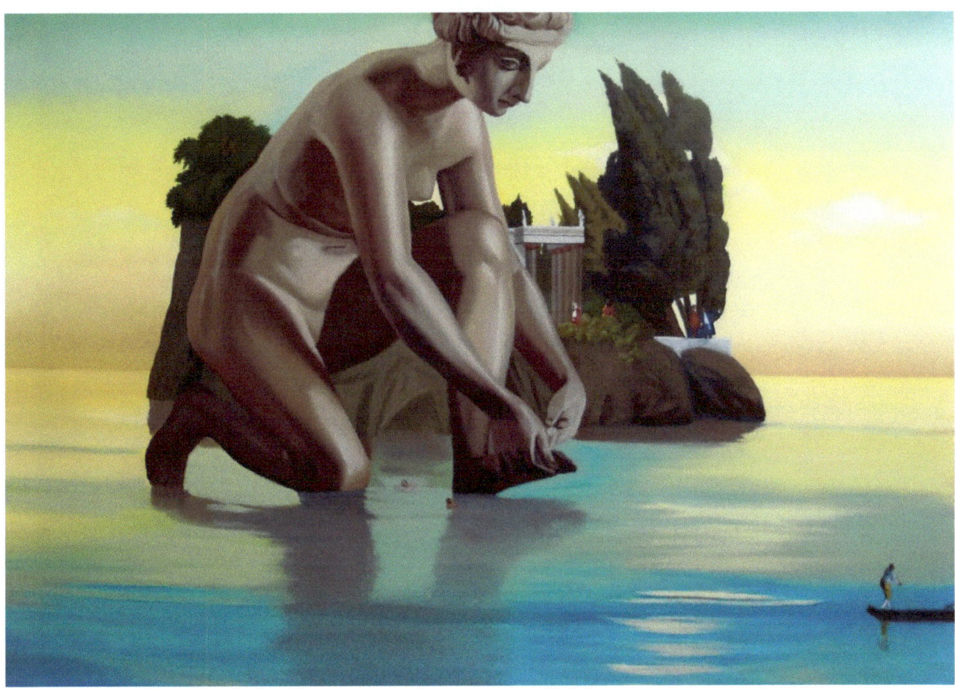

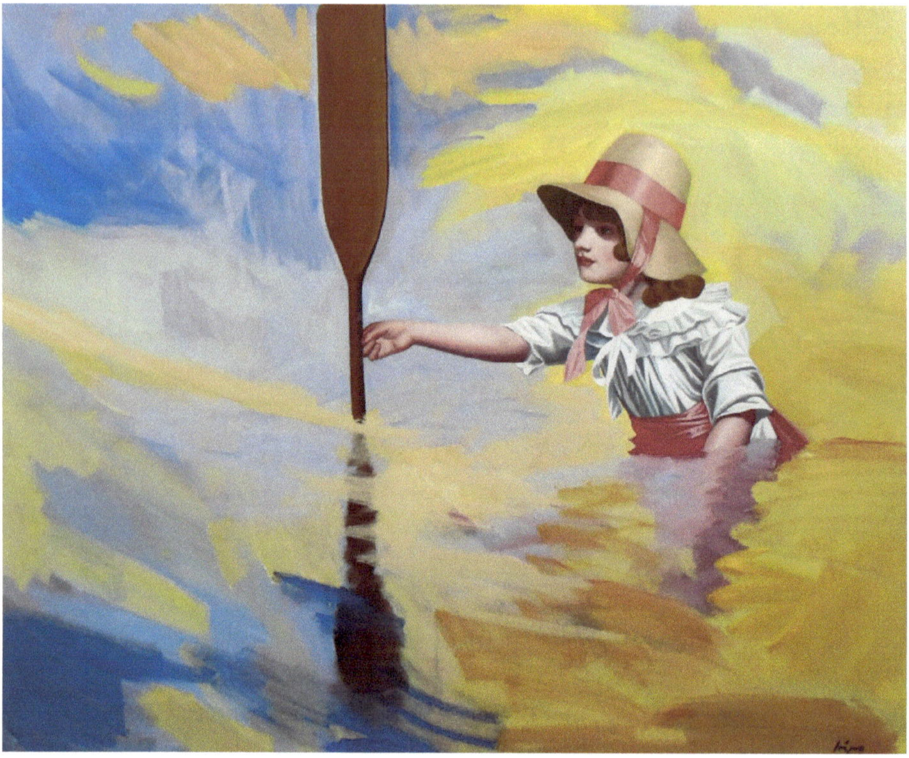

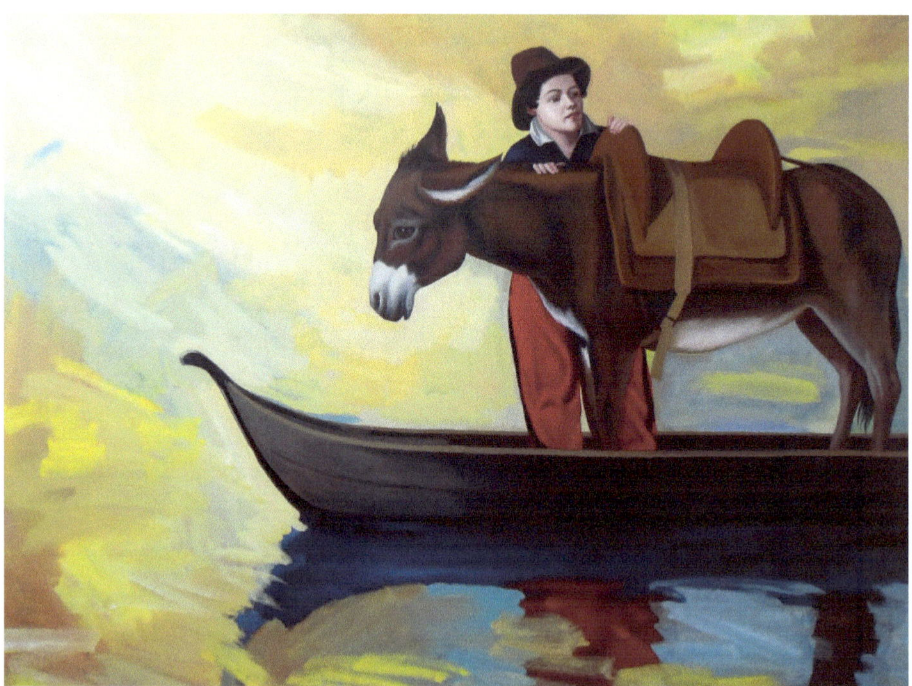

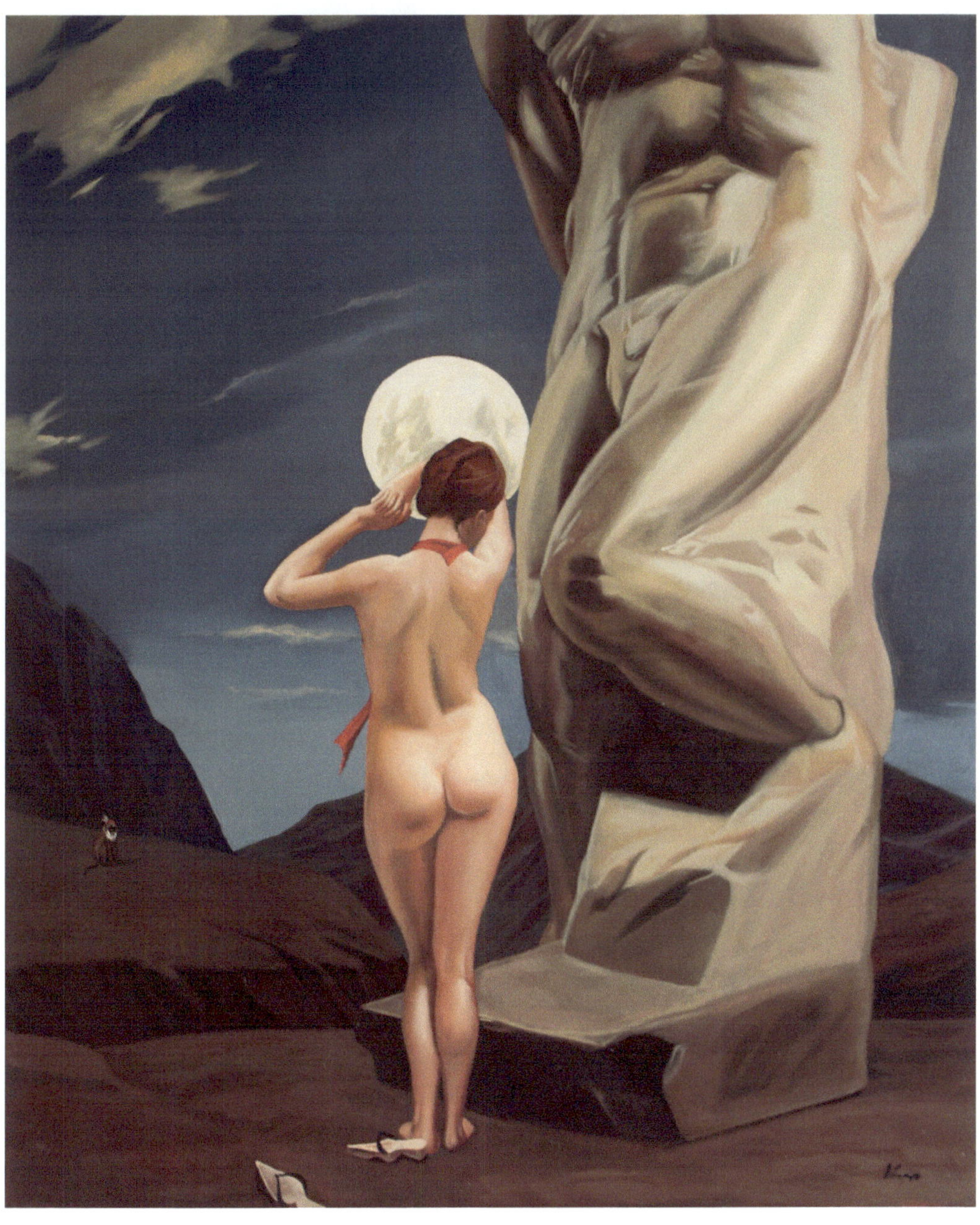

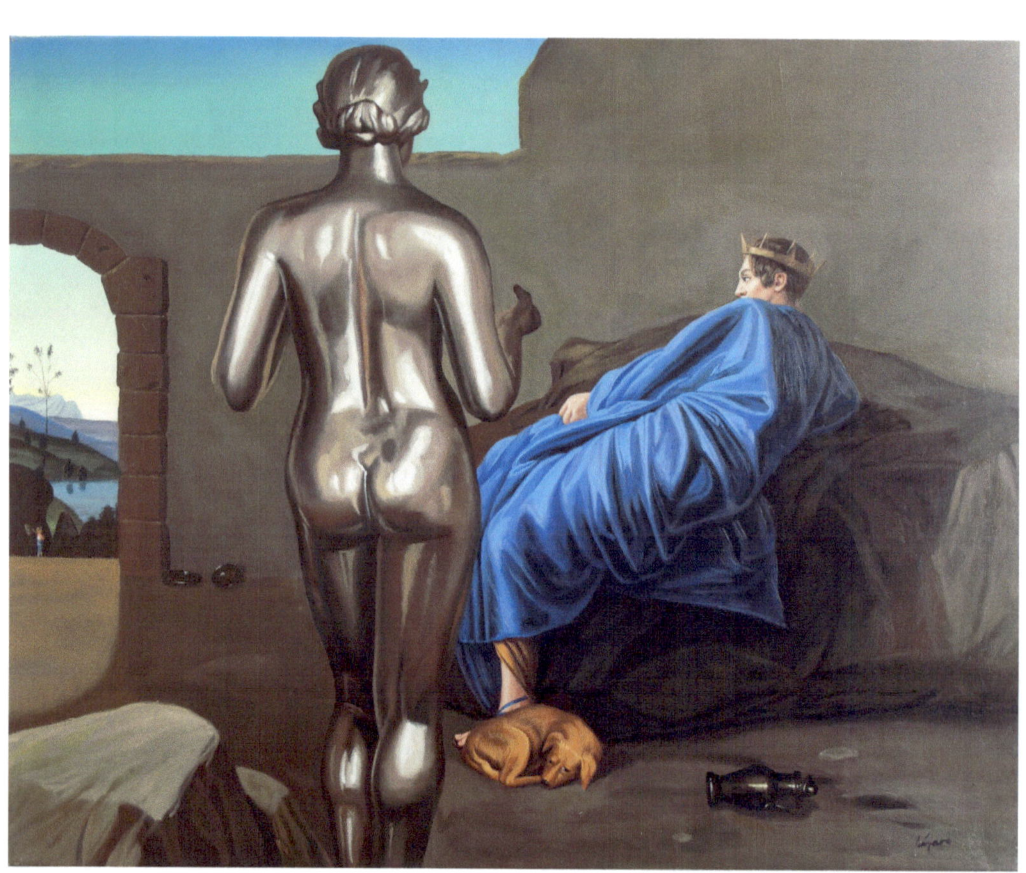

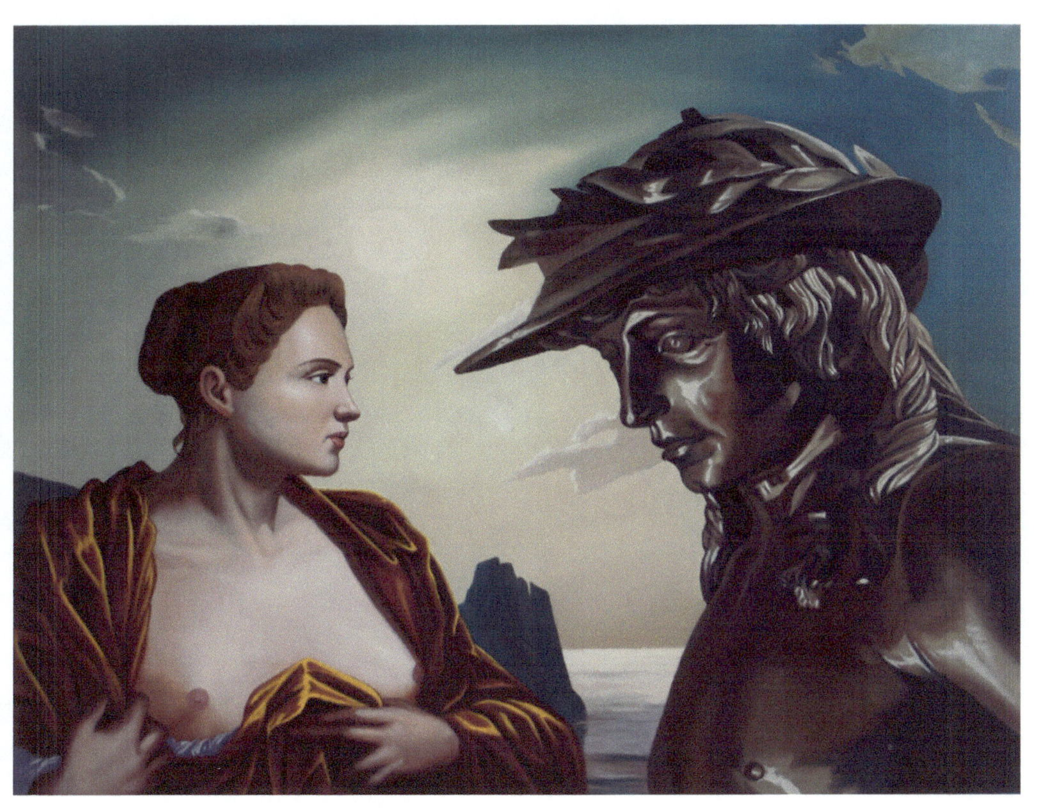

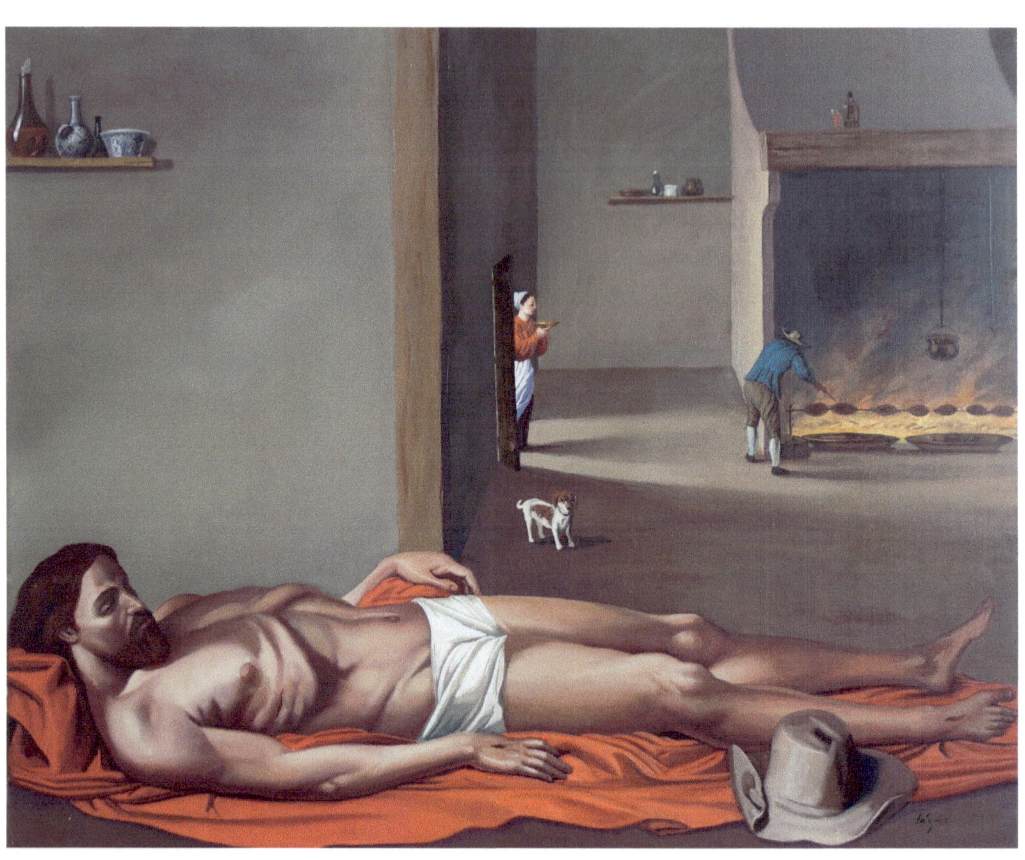

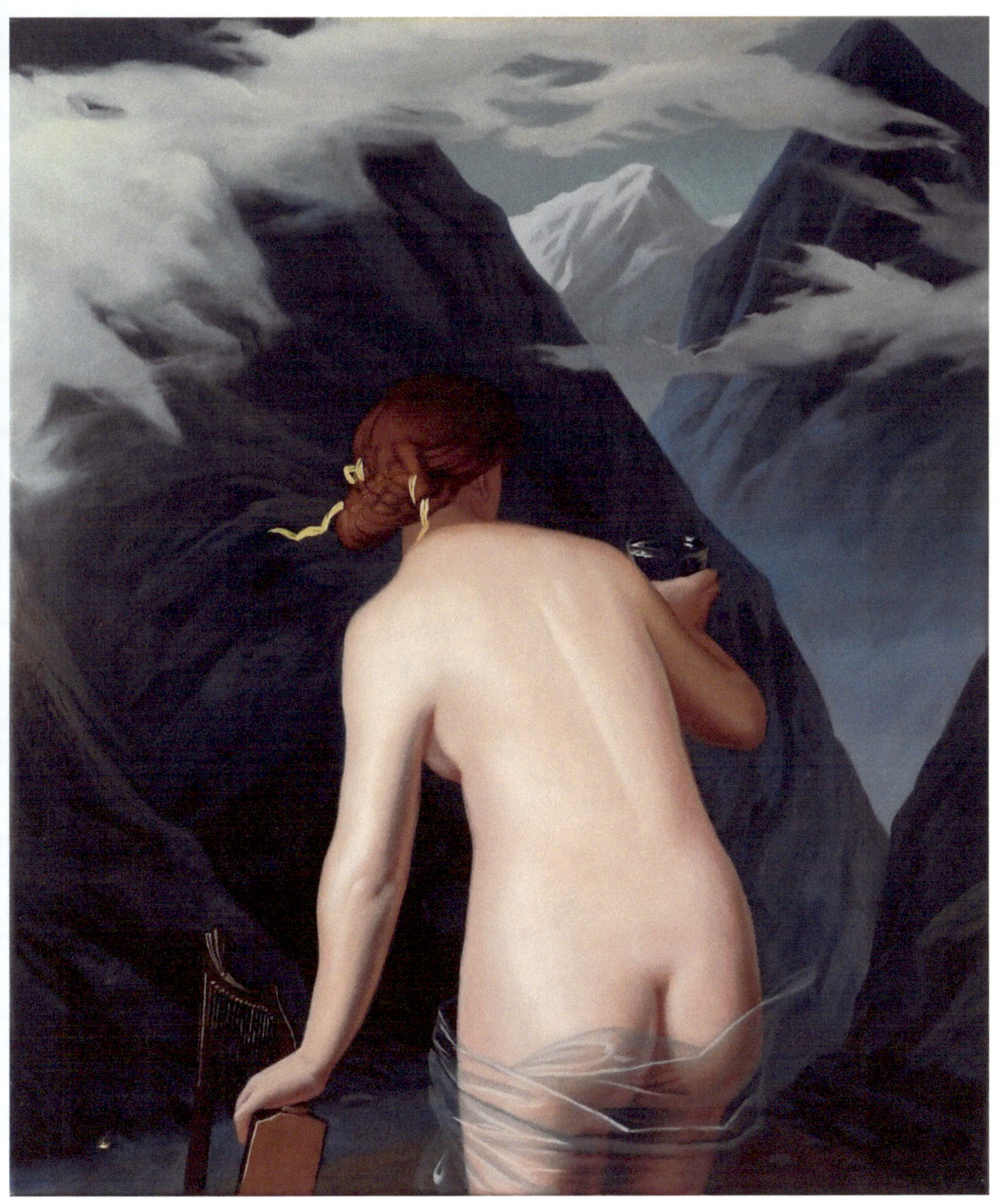

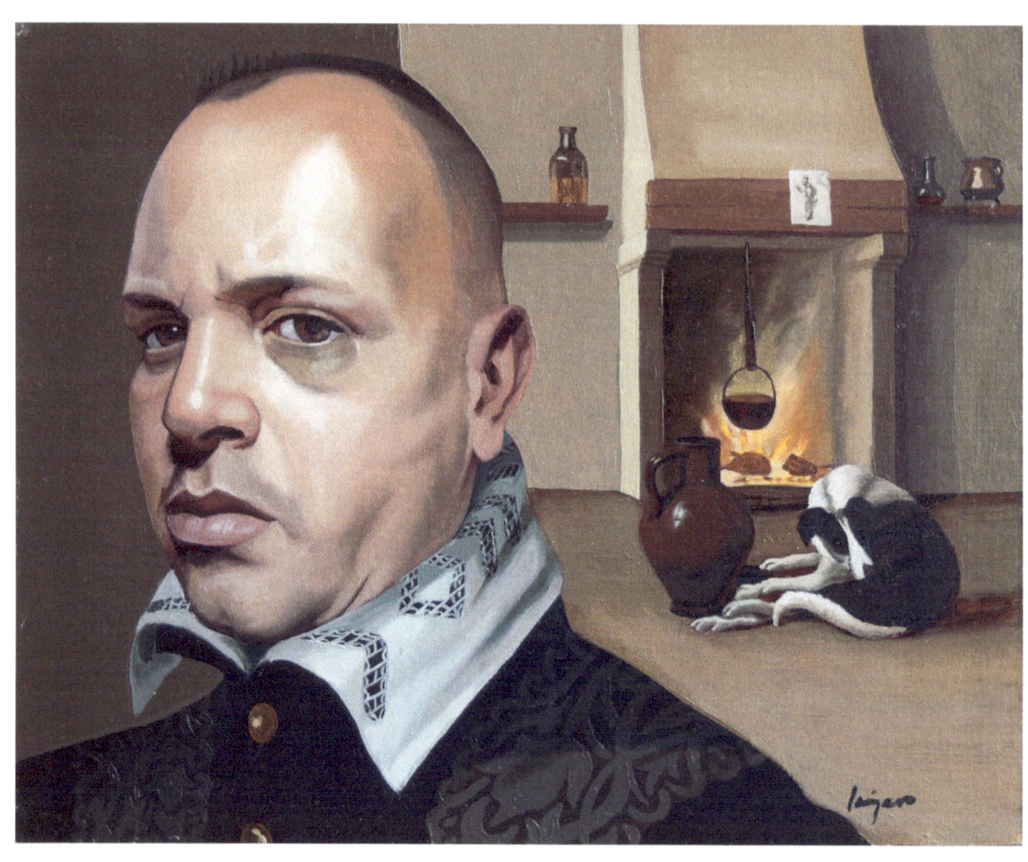

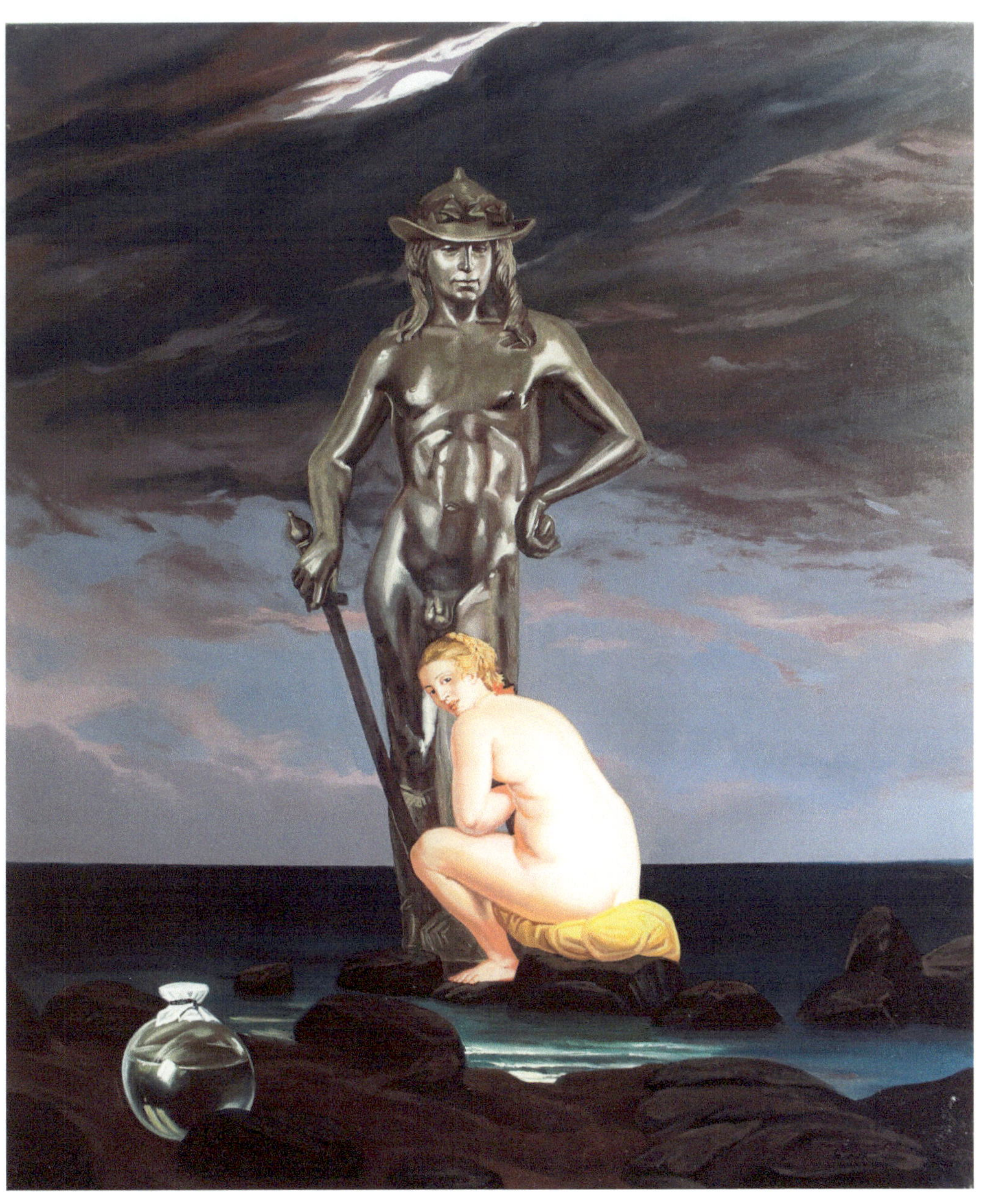

Modus Vivendi. Reflexiones en torno a la obra
de Lázaro García Medina

© Liannys Lisset Peña Rodríguez
© Lázaro García Medina

© Ego de Kaska Foundation Inc.

Primera edición: mayo de 2020

© De la presente edición: Ediciones Exodus, 2020
    Presidente: Ángel Velázquez Callejas
    Edición y Dirección de arte: Roger Castillejo Olán
    Ediciones Exodus es un sello editorial de Ego de Kaska Foundation Inc.

ISBN: 979-86-47964-88-5